숲을 지키는 나무

이진순 시집

숲을 지키는 나무

한강

시인의 말

시인은
외로움의 언어로 길을 낸다.
숙련의 손길 그 위로 연륜이 더께를 두르면
만개한 목련처럼 화답하고
삶의 격정도 고요한 강물로 잠재우면서
새로운 생명으로 싹을 틔운다.
시인의 사랑은
우주 밖으로 떠도는 슬픔까지 불러서
날개 안에 품어 주는
영혼의 연인으로 맞이하게 한다.

2020년 여름
이진순

이진순 시집 숲을 지키는 나무

□ 시인의 말

제1부

수위 조절 ─── 13
냄비받침 ─── 14
약속 ─── 15
내 젊음은 출렁다리였다 ─── 16
지워지는 것 ─── 17
희망이라는 이름으로 ─── 19
폐가의 침묵 ─── 21
떨어지는 꽃에게 ─── 22
오늘의 운세 ─── 23
춤바람 ─── 24
이석증 이야기 ─── 25
지병 ─── 26
커피의 완성 ─── 27
우리 ─── 28
아버지의 의자 ─── 29
버티는 일이다 ─── 30
권태로움 ─── 31
시인의 고통 ─── 32

숲을 지키는 나무　　　　　　　　이진순 시집
차 례

제2부

35 ── 심심한 날
36 ── 붕어빵을 굽는 남자
38 ── 목련
39 ── 동심원
40 ── 꽃이 지는 이유
41 ── 황혼
42 ── 수첩을 바꾼다는 말
43 ── 구절초
44 ── 비 개인 아침
45 ── 누가 진짜 난민인가
47 ── 안부·1
48 ── 안부·2
49 ── 이상한 소유
50 ── 화상
51 ── 첫 추위
52 ── 가벼워진 미련
53 ── 공존
54 ── 숲을 지키는 나무

제3부

가을 한바탕 축제 ── 57
여름 이후 ── 58
슬픈 인연 ── 59
아버지의 사진 ── 60
센강 변에서 ── 61
봄비 ── 62
누군가 ── 63
눈 내리는 밤 ── 64
칠월 제주바다 ── 66
애착 ── 67
11월의 노래 ── 69
내려앉는 시간 ── 70
삼례역 풍속도 ── 71
그 따뜻한 날을 위하여 ── 72
나이듦에 대하다 ── 73
애증 ── 75
벗이여 안녕히 ── 76
4월의 외출 ── 78

숲을 지키는 나무   이진순 시집

제4부

81 ── 나의 가을은
83 ── 내일은
84 ── 변화 받아들이기
86 ── 사랑의 시
88 ── 위태로운 희망
89 ── 노부부
90 ── 빼앗긴 봄
92 ── 동트기 전
93 ── 김장김치
95 ── 도마질
96 ── 사랑 하나면 충분하다
97 ── 눈물이
98 ── 팔월의 숲
99 ── 행복하거라 딸아
100 ── 그 아이
102 ── 봄은 아직 멀었나 보다
104 ── 강물

□ 해설_김순진

제1부

수위 조절

넘치기 전에
딱 그만큼에서 멈출 수는 없을까

뜨거운 커피에 혀를 데고
수확을 놓친 포도에서 눈물이 흐른다

지나침이 가져온 욕심은
선을 넘어간 까닭에

내 적당한 수위가 어지러워
토사물이 넘친다

냄비받침

시집 제목을 두고 고심하는데 아들 녀석이
'냄비받침'으로 정하란다
성의 없는 서운함에 흘기는 눈길

휴지통에 뒹구는 수많은 피울음들보다야
생명줄 받쳐 주는 공손함에 그 뜻을 얹어
음식 아래 깔리면
그것 참 좋지 않겠는가 문득
마음이 급해진다

내 시詩의
내 시어들이
누군가의 식탁에서 엎드려 노닥거린다면
얼마나 행복한 일인가

'냄비받침'의 내 늑골이여
무표정에 갇힌 화석처럼 무궁하라

겸손하게 탄생하여 뜨거운 열선으로 화답하여라

약속

깨뜨리기 위해 걸었던 그대의 손가락도
지금은 기억하지 못하게 한다

천년 황궁 속으로 자물쇠를 채웠지만
풀잎보다 허약하고
무명실보다 더 궁색한
그대의 약속은
이제야 풀리는 허언이다

굳은 결의가 보잘것없이
하늘 아지랑이로 떠돌고

지켜내지 못하는 실언 속으로
바람이 인다

그대 등 뒤에선 낙엽이 쌓이고
발길 닿던 흔적 위로
두고 간 언어들이 길을 잃었다

내 젊음은 출렁다리였다

아슬한 끝은 산맥에 붙어
연민으로 들썩였다

폭풍우에 드러난 위태로움이
홀로 남아 휘청이고
외로움은 사슬에 묶이어 있었다

내 젊은 날은
불타고 재만 남겨져
인연은 바람을 타고 떠다녔다

젖은 물기는 눅진한 세월 속으로
스미고 있었으니
향기로 피웠던 꽃송이도 지고
한 계절도 지고 말아

거침없이 들이치는 소낙비와 가랑비를 오가며
흔들림으로 지새웠던 내 젊음은
출렁다리였다

지워지는 것

안다는 것의 비밀스런 올가미에서 풀려나고
날아가 버린 어제를 애통해하지 않으니
차라리 가볍다

삶의 역사를 떠나보낸 엄마는
망각이란 병을 수년째
앓았다
질곡의 시간 속을 발비비며 아기처럼
울기도 했으니
자신을 붙잡고 있던 미련을 놓지 못해
어쩌면 운명처럼 살았나 보다
아주 천천히 눈치채지 못하게

뇌리는 깜빡거리고 내 기억은 굳어 간다
촉수 더듬거려 지평선 끝까지
걸어갈 모양이다
코스모스도 민들레도 순서 없이 나를 들락거리면
그렇게 한 자락씩 지워지고
스스로 날개를 걸치며

훠이훠이 내 안에서 그 안다는 것이
달아난다

지워지고 있다

희망이라는 이름으로

세상에 나온 얼굴빛이 어둡다

보고 싶지 않아서 안 보이고
안 보이니 더 절망적인데 끝은 어디쯤인가

살아내는 힘을 저 혼자 만들어
이름도 없는 풀 한 포기
강가에 뒹구는 돌멩이마저도
제 몫을 다하고
구름 한 조각 사뿐히 봄날을 거들면서
천지의 아름다움을 들어올리는데
민들레 노란 희열은 환한 경이로움으로
세상을 노래하고 있잖은가

보잘것없는 손바닥 드러내는 것만으로도
죽어 가는 이파리 투영하는 것만으로도
희망은 뿌리내릴 것이고
닫힌 창문은 열리어 입김 피어날 것이다

빈들에 심겨진 푸른 역경과
밀어 둔 내 어린 꿈이
헛디딘 웅덩이에서 싹을 틔우는 날
그날은 바로 지금 시작이 된다

폐가廢家의 침묵

토담 위로 잡초 무성하고
터진 양말 한 짝
거미줄에 묶여 있다

먼지 위에 또 먼지
낡아빠진 문들은 기울어
세월을 지탱하고 있는가
삭아 내리는 시간을 거느리고 있는가

누군가의 일상과
생존의 위안이었던 터에
기척은 이미 사라져 흔적들만 방치되니
두고 간 애환끼리
풍경의 하중만 견디고 있다

돌아올 수 없는 사연 위로
폐가의 침묵은
가을 하늘을 통과하고 있다

떨어지는 꽃에게

헤어짐을 예견하고는 내려앉는 그대의 겸손함이여

열정으로 뜨겁게 사랑하다가
혼을 사르는 불나방처럼
시공을 채우는 계절이여

그대 생존의 자리에
녹음이 덮이며 지날 것이고
인간의 탐닉에도 섞이지 않는
가슴마다 진액 끌어내던 현란한 몸짓
골짜기마다 흐뭇하게 피었더니
소복한 여인의 뒷모습으로 지고 마는구나

그대의 이별에
해의 숨결이 짙어지고 있다

내 젊음도 떠나고 눈물이 짙어지고 있다

오늘의 운세

신발을 문질러 빨면서도 박박
긁어 대는 수세미 끝으로
미움의 고뇌가 더 깊게 밑창에 깔린다

눌러 박힌 절망의 땟국
켜켜이 들어앉은 원망의 탄식도
한 생애 속에 다져져 있다

두들겨라 비눗물에 녹인 애착이 빠질 때까지
시원한 물줄기에 눈물이 닦이거든
또아리를 튼 뱀 대가리에서 독기를 꺼내도 좋겠다

오래오래 햇빛에 널어 두면 대문의 빗장은 열리고
떠내려간 혈액이 돌아오려나
마중 나갈 새 신을 신어야겠다

기약 없는 통증의 각피角皮를 벗고
너 없는 세상으로 떠나는 여행에
이륙이 시작됐다

춤바람

두 발을 똑바로 세워도
이미 쓰러지기로 작정한 것마냥
관절도 마디도 다 풀려
정신을 차릴 수 없다
풀어헤친 가슴팍으로 웃음 같은 음악
쏟아져 들어오는데
비상하는 영혼에 죽은 시간이 붙어 논다

초록이 무더기로 쓰러지면
하얀 파도는 다시 일으켜 세운다
햇빛 때문인지
바람 때문인지
언덕을 등에 업고
풀잎이 들썩일 때
외로운 눈물마저 하얗게 마른다

속절없는 세월 속으로 육신이 흐느적댄다

이석증 이야기

귀에서 빠져나간 돌이
바람을 돌리는 것 같다
눈물을 휘젓고
대지를 흔들어
나는 물레방아가 된다

떠도는 유람선에서
평생 먹은 음식물 게워내며
정박하지 못하는 떠돌이는
홀로 외롭다

직립하지 못하는 불완전한 걸음 속으로
회전하는 지구를 붙들고
어디까지 따라나서는가
어지러움은 우주를 몰아 대기 밖으로
영혼을 분리시키는가

온 세상이 차츰 돌아 버렸으면 싶다

지병持病

동통이
뼛조각까지 갉아먹으며
노구의 동반자로 와 있는가

건실한 삶에 껴들어 와
혈액을 떠도는 염증
영혼의 지도를 바꾸고 있다

스스로 생성하여
저 스스로 지뢰가 되는
희귀성 난치병이
철옹성 감옥 안에서 양육 받고 있다

자고 일어나면 한 칸씩
지워지는 원고지 속으로 꽃이 녹는다

핍진한 이승의 아픔을 춤사위로 빚어
바람 하나 챙긴 채
지상을 빠져나가는 힘겨운 박동

커피의 완성

대지를 달구어 얻어낸
향기와
바위에 고인 눈물이
수려하게 정제된다

나는 네가 되고
너는 나의
가슴 따뜻한 친구로 스미면

등식으로 얻지 못할 사랑의 관계
혈액으로 스미어
밤잠 설치는 희열
저공 비행을 한다

우리

너와 내가 언제 한 번이라도
'우리' 였던가

길을 걷고
땅굴을 파고
살아 있는 식탁에서도

함께 응고되지 못했던 너와 내가
끝내
낮을 밤으로 기억하는
수레바퀴였다

아버지의 의자

양지쪽 이른 봄을 찾아
졸음을 친구 삼는 아버지의 휴식에
바람 한 줄기 찾아와
나른함을 얹습니다

고무신 끝에 밟힌 따스한 볕자락은
혹독했던 젊음을 데려와
발자국에 입맞췄습니다

코끝 돋보기로 드러나는 세상 이야기를 위로 받으며
궤짝 같은 라디오에서 흐르는 선율을 안고
오수를 즐기는데
니가타현 금광에 환희의 깃발도
높게 펄럭입니다

마당을 선회하던 나비 한 쌍
당신이 앉아 밭은기침 달래던 자리에
그리움이란 노랫말 고르고 있습니다

버티는 일이다

용케도 살아 있었구나

시린 바람 홀로 맞으며
맨발로 서서
너는 한恨을 세웠다

외로움과 사투를 벌이면서도
타락한 세월과
부정한 시간 뒤에서
알몸으로 우주를 유영하더니
간절함에 서슬을 녹이고
죽음과도 같은 산통 껴안으며
새봄으로 잉태하였구나

타는 눈물마저 아껴 가면서
사는 일은 그렇게
버티는 일이다

권태로움

수면 아래 잠잠한 그 세상
알 수가 없다

미동조차 없는 산기슭 큰 바위는
천년처럼 짓누르고
죽은 듯 자빠진 어제가 오늘을 끌고 와도
날숨 한 조각마저 고르고 있다

소금기 하나 없는
밋밋함으로 혀끝이 무딘데
바람개비 심장에 담을까
도시에 외투 자락 펄럭일까

변하지 않는 이 자리가
오직 권태로 덮여 있다

시인의 고통

내가 만들어 낸 말들이 우주를 떠돌다
다시 내게 와서
통증으로 다스리는 채찍이 된다

지상에 부려 놓고
책임지지 못하는 허언이
비로소
가시 꽃으로 아프게 피어난다

제2부

심심한 날

약속도 없고 할 일도 없는 날
기억의 올이 풀린다

떠다니는 이름 불러내 접선해 보지만
호흡은 멀다

간신히 찾아낸 꽃잎 하나가
스스로 부끄러워
제 머리를 박고
무료함을 걷어낸다

붕어빵을 굽는 남자

추운 것은
시린 바람 탓만은 아니다

세월을 껴안은
비닐 천막 속 하루가 외롭고 빈한한 것과

붕어의 살집 안으로
남자의 고된 일상이 딸려 들어간다
붕어의 눈물과 함께

바삭하게 구워진 붕어빵이
오장을 녹이면서 잠시
시름을 거두고 있다
화덕의 열기가 세상의 추위를 다 녹일 수 없지만
한 쪽에 웅크린
남자의 살림살이를 덥힐 수는 있겠지

썰렁한 저녁
그 남자의 얄팍한 전대纏帶 안으로

칼바람이 들어서고
손놀림이 조급해질 때
화려한 도시의 조명 속 어딘가로
그 남자의 붕어빵은
헤엄쳐 다닐 것이고

신기루 저 멀리에
새벽달이 돋는다

목련

이생에서 한 번의 마지막 기회로
도도하게 피워 올리는
저 눈매

감히 손댈 수 없는 기품을
고독으로 지켜내면서
아씨같이 단아한 미소
순결을 고집하는 장엄함으로 새벽을 깨어나네

뜨거운 사랑으로 심장이 더워지면 흰 날개 들어올려
옥양목 한 필로 지어내는 너 적삼 옷이여

꽃 그림자 장렬하게
푸른 창공에 펼쳐지고 있구나

가난한 젊음 타는 욕망
수의囚衣 속에 감춰진 비굴함까지
오롯한 얼굴 거만한 품격으로 피워 내는
순백의 환희여

동심원

찰나로 스친 쪽빛이
먼데 어머니를 만나고
물결을 지나 파도를 타는 그리움의
동심원을 만드네

계곡과 능선이 생멸을 거듭하는 내내
침범하는 습격자의 격투가 낯설고
하나씩 생기며 허물어지는 매듭이
사랑을 어루어
차츰 인연도 광휘로 빛나고 있네

꽃씨를 파종하며 키워 낸 향기를 타고
긴 계절을 지나
크게 더 크게 그리움을 키워 내고 있네
시원始原의 물가에서

꽃이 지는 이유

초승달 다녀간 자리
거세된 욕망 스러집니다

뒤란에 그늘 내려와
열병처럼 뜨거운 시간들이
식기도 전에
그리움의 영토에 붙들려 나온 슬픔
꽃이 되어 지고 맙니다

황혼

녹음이 증발하고
건조한 공기가 대면하는데

힘에 겨운 가지 껴안고
애증의 기억 발길질하면서
익어 가는 대지 처연하다

가난한 둥지
뚫린 허공으로
빛을 받아먹으며 연명하는 뻐꾸기가 운다
슬픈 노래
소멸해 가는 열정을 앞에 놓고 운다

가엾은 빈 자의 터에
붉은 땅속으로 스미는
마지막 한 잔 술에 취한
그 사람의 독백이 타오르고 있다

수첩을 바꾼다는 말

시작이 가까웠다는 건
이별 그 아슬한 자리에 와 있다는 것

봄이 당도하지 않은 마당에는
얼음꽃이 만개하여
시절마저 하얗다

맞이하는 설렘과 보내는 아쉬움이
태양 아래 두 개의 얼굴로 마주서고
신년이라는 이름으로 기다리는
시간표에
희망을 새겨넣고 수첩에 끼워 넣는다

구절초

꽃잎 몇 장 가을 들판에 드러내고 있다
하얗게 지켜낸 그리움이다

만장 같은 한이던가
젊은 소복 은하 같은 눈물바다

흔들리는 세파에도
화려한 풍경에도
그저 소리 없이 견디더니

빈자리
쓸쓸한 언어로
씨앗을 던진다

비 개인 아침

느리게 올라오던 봄기운을
가슴앓이하는 내 정원까지
끌어오느라
밤새 빗줄기가 굵었나 보다

녹슨 시간을 닦아 놓고
철쭉 꽃잎을 뚝뚝 내려놓더니
사나운 구름은 물러났다

자연과 사투를 벌인 끝에
단초端初 하나 챙겨
비 개인 아침 속으로
거뜬해진 발걸음을 놓는다

누가 진짜 난민인가

내전을 피해 도망 나온 한 사람
큰 눈동자가 호수처럼 맑다
고향 얘기 물어오면
무너질 듯 휘청거리던 검은 이방인
발 닿는 곳 어디에도
등 대고 누워 고른 숨 돌아볼 터전 없이
뱃길 따라 작정 없이 흘러들었다

이 땅에 두지 마라
내쫓아라
귀 막고 눈감아도 소통 안 되는 사람들에 끌려
언제 밀려날지 곤혹의 날

낭만은 공부에 저당잡히고
희망에 매달리며 청춘을 허비해도
아무도 지켜주지 않는 매정한 현실
젊은 혈기는 실업으로 점점 내몰리고
어디에도 방패가 없는 두려운 세상
스스로 벗어나고 싶다

이 땅을 제 발로 걸어나가고 싶다

누가 진짜 난민인가

안부 · 1

아직도 어깨가 시린데
오래된 풍경에
눈물이 더워집니다

먼지처럼 떠도는 인연에
그리움을 얹어 보지만
닿지 못하는 궤도는 멀기만 합니다

눈 덮인 겨울 산사 돌계단은
죽은 언어들이 엎드려 있고
들락거리던 바람 소리
변박자로 흐르고 있습니다

영원을 덧입힌 밀어와
파고드는 묵은 상념과
끝나지 않은 미련으로
여전히 창을 닫지 못합니다

안부·2

꿈에서 다녀간 당신
손끝 닿지 않아
그리움만 창가에 세워 둡니다

가는 길은 멀고 시간은 깊네요

이별의 슬픔은
항체가 생기지 않아
신산한 기억 속으로
끝내 안부만 묻습니다

이상한 소유

중요한 것을 놓치는 것도 같고
찾아봐야 할 것도 있는 것 같고
안절부절 못하는 혼란스러움의 잔망屛妄

기억을 대신해 주는 물건이 있으니
혼자서 할 수 있는 게 별로 없다

들고 나오지 않은 휴대전화
내 소유라고 생각했던 그것이
나를 소유하고 있었나 보다

이 물건 속에 길들여진 관계는
주종의 속박이다
가벼운 현상인데 무겁고 칙칙해서
갈팡질팡 허전했던 한나절

집으로 돌아와 확인한 건 문자 세 통

빼앗긴 소유권을 너에게서 찾아야겠다

화상

불에 데었다

방심한 순간에 흔들렸다
피부가 타고 살이 익었으니
소실되고 말았을 세포의 아픔이
온몸을 찌른다

불같은 젊음에
사랑이 데고
뜨거운 열기를 마시고 말았다

심장이 익고
영혼은 녹았다

삶 깊은 곳으로
상처가 생긴 후
쓰린 아픔은 흉터로 남고
통각痛覺은 젊은 날을 조롱하고 있다

첫 추위

아무도 모르게 찾아왔다
매운바람과 추위가 일상 속으로 끼어든다

훑고 지나가는 예리한 기류
국화꽃 대궁에 하얗게 절여진
세찬 기운
어느새 초록의 빛을 삭이고 있다

창가 손바닥만 한 햇살도 힘이 다하면서
내 머리도 어느새 하얗게 서리가 내리고
삶의 순환 고리가 힘겹게 지나고 있다

세상에 예외 없이
나의 겨울이 들이닥친다

가벼워진 미련

좁은 마당에
마른 국화 대궁이 서리에 비틀린다
누렇게 매달린 채 죽은 꽃잎
고개를 꺾고
세월에 기댄 채 밤을 새웠다

도망간 시간을 찾아 더듬거려 봐도
발에 차이는 건 원망과 아쉬움뿐이지만
구걸하던 사랑도 자유롭고
들고 있던 미련은
속이 비어 가볍다

늙은 날개는 더 가볍다

공존

산수유 노란빛 위에 하얀 눈이 내려
봄 속의 겨울이다

포근한 햇살을 추위가 찌르며
돌아온 시절 안으로 파고들어
나른함과 동통이
함께 깍지를 낀다

토해낼 수도
끌어안을 수도 없는
동정과 미련을
흔들리는 존재로 인식하나 보다

가여운 인연 하나
영글어 간다 설익은 채로

숲을 지키는 나무

고통은 시름에 묻고
그리움은 가슴에 묻어
홀로 견디고 있는가

누구도 대신 지켜내지 못하는 혹독함의 구속
영원처럼 긴 순간을 맞아
숙고의 수도자로
어제의 혼란을 바라보아야 한다

눈물을 찬바람으로 버무려
정지된 시선으로 삶을 껴안을 때
용서의 침묵도
가난했던 청춘의 구걸마저도
맨발로 견딜 수 있다

땅 아래 힘줄이 시냇물을 휘감을 때까지
겨울 숲을 지키는 나무
푸른 기억이 홍건하다

제3부

가을 한바탕 축제

억새 바람 따라 걷는 길
백일홍이 요염하게 붉다

유리알 햇살이 자꾸 쫓아다니며
아는 체하더니
발끝을 간지럽힌다

찌든 어제를 이 볕에 말리면
번민은 다시 꽃으로 피어
남은 시간에 날개옷을 선물할지 모르겠다

계절의 틈새를 비집고 농익은 사과향
구천을 떠도는 흔들리는 영혼을
유혹하고 있다

눈이 맞은 가을과
꽃그늘에 피우는 연애놀음이
죽은 세포를 찾아
비상을 꿈꿔도 좋겠다

여름 이후

땀내 나는 셔츠에 날이 지워지고
목이 타던 나뭇잎도 주눅이 든다

어제는 끈적이는 미련으로 무겁더니
유리창에 설컹이는 바람으로
욕심은 훨씬 가볍다

내려오지 못해 얼굴 붉히던 태양에게
용서를 구하는 빈 손바닥이

시절을 읽는 혜안慧眼으로
여름을 접어 넘긴다

슬픈 인연

존재하지 않았던 그 바다로
달빛이 달아난 후

수족관에 갇힌
푸른빛의 시절이
출구를 찾지 못해
낮술로 잠이 든다

다시 만날 수 없지만
끝나지 않은 인연처럼 서성이지 않더냐

슬퍼서 울음 우는 게 아니다
가시지 않는 햇살 때문에
웃지 못한다

놓고 간 너의 자취에
나의 그림자가 포개지고
멀어진 하늘가에 꽃대궁이
젖는다

아버지의 사진

먼지 덮인 들판의 깃발을 보았는가

그 외로움의 뒷골목 어디쯤
주름진 바짓단으로
타국에서 받는 홀대
고스란히 묻어나는
빛바랜 연출을

청춘의 혼란과
그 사나운 영혼을 들고
오래된 시간 속에서 걸어나오네

당당한 어깨 위에 실린
굶주림은
고독한 무사의 단호함인데

현란한 그날의 전설이
가슴에서 흘러
나의 강으로 흐르네

센강 변에서

쪼개진 산들이 출렁일 때마다
반짝이는 물결 춤사위에
일렁이는 그림자의 교태
합창인 듯 실내악인 듯
그윽한 소리조차 물 아래 장엄하고
갈매기는 수채화 여백에 붓점을 찍는다

두고 온 날들이 동화처럼 아득해
내 기억도 멀다
폭풍우도 잊었으니
꽃비도 묻히고
걸어온 길은 물밑으로 가라앉는다

여기 혁명의 역사는
오늘의 시계를 작동시키고
시테섬*을 감싸는 강변의 끝자락이
내 외로움을 파고든다

※시테섬: 프랑스 파리의 중앙 센강 가운데에 있는 섬

봄비

흙을 깨우고
우주를 흔들어
초록의 입성을 차려입는 의식이다

홀로 견딘 시간 속에서
힘줄이 올라오고
온기도 차오른다

숲에서 떠돌던 죽은 희망이
사람들 곁으로 스미고
물기둥에 불끈거리는
정맥이 푸르다

누군가

밤새 소리 없이 내린 눈
누군가
치워 내고 길을 만들었다
만들어진 눈길 위에
길을 연 그의 숨결이 빛난다

신맛을 업고 달콤함이
혀끝을 녹인다
단 꿀을 만든 누군가의 손길이
땀으로 녹아
향내로 엉글어
한 알 감귤 맛을 낸다

남루한 인생에 그림자처럼 따라와
가난한 심장에 온기 한 점
불을 지펴 준 누군가
내 곤한 잠 속의
허물에도 빛난다

눈 내리는 밤

여태껏 지나온 수많은 밤들

박꽃 훔친 젊은 날의 태양이여
비통하게 놓쳐 버린 푸르른 날도
이제는 뿌옇게 녹고 있지만
사랑이란 이름으로도 용서 받을 수 있겠는가

그칠 줄 모르는 열정이
꽃으로 피었으나
그 향기 멀리 가지 못한 채
자작나무 그늘에 하얗게 부서지고
그림자에 남아 있는 공명 한 소절
숲을 맴돈다

이제 그 밤을 눕히고
한 시름으로 불러내 보자
네 겨울의
그 마당에 눈은 소복하게 쌓였는지

겨울이다
눈발은 그칠 줄 모르는데
밤은 깊어만 간다

칠월 제주바다

검은 돌을 걷어차는 물살이
숭숭 뚫린 구멍 사이로 짠물 끼어들고
한숨은 녹아
용암을 만든다

태양은 유령처럼
바다가 내지르는 울음소리
그 미련의 눈물을 두고

숨고 싶은 절망이
천천히 기어나와 물위로 뜬다

들락거리는 파도 곁에
더듬거리는 손길도 하얗게 뜬다

날개로 바다를 찍어
청명한 하늘에 존재를 시위하는 갈매기
자유로운 비상인데
타는 칠월의 하늘을 날려보낸다

애착

무엇을 이루려고 애쓰는 중에도 그것이
나를 비켜갈 것이라는 걸
안다

때론
배신으로 격리되어 있어
기를 써도 오르지 못할 벼랑은
웃음으로 조롱하고 있다는 것도 안다

계절을 보내는 순환의 이치에 있지만
끝내
그 겨울은 고립으로 몰아간다

시절이 차갑게 버려두고
그마저도 외면한 채
강물이 더 멀어지면서
내 호흡도 다급해진다

애착의 분자分子는

온 생을 가두고 있다는 걸
안다

11월의 노래

잎을 내리고
초록을 눕히는 숲에서
계절을 다듬는 숨소리가 있다

거들먹거리던 혈기도
옅은 햇살에 스러지니
마른잎 위로 흔적들을 거느리고
풍화된 시간들이 빠르게
무대를 비우고 있다

잠들지 못한 숱한 밤이
아직도 남아 있거든
번민의 쏘시개를 밀어넣고
남은 미련의 한 잎까지
태워 버려라

무참하고 불우했던 연민은
다시 푸르게 피어날 것이고
새벽은 또 다른 빛으로 찾아오리라

내려앉는 시간

떠나기 위해 물든 나뭇잎 사이로
꽃잎 몇 장 들락거린다

심장을 녹이고
불같은 젊음을 태워
저리 고운 빛깔로 빚어졌나

거칠 것 없이 달려온 시간은
시공을 넘어서 낙엽으로 불타고
비어 가는 가지 위로는
슬픈 얼굴 부서진다

오래토록 걸려 있던 죄목罪目 하나
용서하지 못한 미혹의 세월마저
이제는 바닥에 함께 내려앉는다

삼례역 풍속도

증기 기관차에서 치뿜는 하얀 연기가
겨울 하늘을 뽀얗게 덮고
식식대는 검은 머리 보무도 당당하게
수레바퀴는 육중하고 거대하게
역사에 들어선다

선로에 밀랍 되어 얼어붙은 조바심과
웅크린 기다림은
반가운 비명으로 창을 먼저 넘고
거칠 것 없는 욕망의 깃을 세워
자잘한 소란을 타고 청춘 참으로 청명하다

소녀의 단발머리가
매운바람으로 휘날릴 때
한사코 밀어낼 수 없는 불꽃과 푸른 떨림
품안에 깃들고
허름한 삼례역 칠 벗겨진 안내판에서
겨울 햇살 멀어지며
아침은 극채색 꽃으로 만발하고 있다

그 따뜻한 날을 위하여

손등 터지는 혹독한 추위를 끌고
마지막 계절이 일어섰습니다
쇳소리 부닥치는 찬바람이
덩치 큰 괴물을 끌고
우리 동네에 들어왔습니다
침묵하는 자연과 정면으로 마주하며
샅샅이 후려치고
한 걸음도 앞으로 나갈 수 없는데
그래도 이겨야 합니다
서 있기 힘이 들어
어딘가 막 숨어 버릴지라도
그 따뜻한 날을 위하여
영혼을 데우고 있습니다
내 마음 광야에도 빈자리 준비해 두고 있습니다

나이듦에 대하다

어제는
방류된 연어 비늘이
햇빛에 투영되어 바다를 빛나게 하더니

태풍이 검은 노여움 되어
바다를 집어삼키고 다시 토하는
격동의 시간
파도를 어르며 해일이 사납더라

한길가
연둣빛 어린잎도 눈부시게
젊은 태양과 마주서서 굿판이 한창이었지

오늘은
과거를 놓아 버리면서
햇빛에 피부도 노쇠하고
기억은 깊어 수렁이 된다
차츰 짧아지는 한나절 햇살만큼

삶은 저물고 눈도 어두워 젖은 발길 지척거린다

아픔에 녹슨 이야기로
만장처럼 펄럭이는 질곡의 세월이여

애증

좁혀지지 않는 거리만큼
이방인의 낯선 언어가 뒹굴고
끝내 전하지 못한 사연
저무는 노을 타고
바람이 분다

네 그림자 뒤로
눈물 같은 비가 온다

벗이여 안녕히
—고故 박진자 님을 보내고

속절없다는 말
내가 그대에게서 또 배우고 있습니다

그대의 미소는 여전히 남아
우리들 심장에 아직도 살아 있고
그대의 사랑은
계절마다 피어올라
우주 안에 가득차 있는데
두고 간 이름 위로 국화잎이 그늘을 이룹니다

묶인 인연 자르고
억겁에 쌓인 세월 강물에 풀어 버려
날아오르면 끝내는

애환을 이승에 세워 두고
미련 접어 향으로 피워 올립니다

그대의 삶이 남기고 간 영롱한 자취는
엮어도 엮어도 끝이 없어

벗이여
고요 속에 남겨진 그리움이 슬프게도
바람으로 다가옵니다

4월의 외출

꽃들 시위를 한다
수액을 껴안고 살았던 겨울밤의 외로움이
산고를 앓으며

물비늘 흔들리는 강물 위로
내리꽂히는 죽은 기억들이 바람과 몸을 섞고
손님 같은 햇살과
자작나무 흰 그늘 맑은 숨소리로
피어오른다

어디서 본 듯한 초상화도 외롭고
빈 의자에 묻어나는 기다림도
어느 봄 한가운데 어깨를 민다

제4부

나의 가을은

멀리서 더 멀리서 온다
어제는 강아지풀처럼 마른바람으로 오더니
오늘은 은목서* 향으로 언덕을 휘감아 온다

햇살이 말갛게 씻은 자리
박하향 타고 바람은 가볍고 날렵하게 온다

가을이 내 마른 어깨를 스치고
안부를 전하면
사는 게 여간 어려운 게 아니라는
슬픈 답장을 쓴다

익숙했던 이름들이 아련해지면
산국잎 그늘은 짙어져
그 빛깔 아래
노란 그리움이 층층으로 쌓일 테고

빈 하늘에
내 삶의 지난한 우주와

소멸해 가는 잔해들은
아무도 모르게 채워질 것인데
나의 가을은 그렇게 온다

※은목서: 10월에 황백색 꽃이 피고 향기가 매우 감미롭다. 중국이 원산지인 물푸레과의 꽃나무

내일은

아직 피지 않은 꽃을
찾아 나설 필요가 있는가
당당함으로 받아들이기엔
너무 세월이 지났다

예고 없이 찾아오는 손님이나
불멸의 새벽에 맞닥뜨리는
날카로운 적의로 인해
미처 닿지 않는 슬픔을 껴안으며
서럽게 울지 않아도 된다

의연함을 겉옷으로 걸치고
피울음 껴입으면서
걸어온 시간이
걸어갈 시간보다
더 많은데
이제 내일을 어찌 두렵다 말하는가

변화 받아들이기

태풍이 일어야 비로소 바닷속 생명체들이
순환을 하게 되고
죽은 듯 버티던 바닥까지도
온전한 삶으로 되돌린다

변화를 받아 안으면
안온한 시간이 뒤집히고
차례를 배신한 육신의 갈등
모진 세월에 걸쳐진
너와 나를
다시 돌아보게 한다

새로운 길을 찾아
익숙한 어제의 습관을 벗어나
생소한 모험으로
나를 길들이는 난제이기에
두렵고 가슴 뛴다

조련의 도전은

덫에 걸린 듯
옴짝달싹 못하는 옹벽이었지만
빛깔만 살짝 돌려
시선 닿지 않는 곳까지 찾아간다
거기에 미처 태우지 못한
사랑 또한 배울 수 있을지 모르니까

사랑의 시

외로움의 골짜기에
나는 작은 들꽃으로 피어납니다
그것으로 위로를 주고 싶으니까요

슬픔을 홀로 견디는 당신에게
파랑새로 찾아갑니다
나의 노래를 들어줄 그곳은
위로의 둥지가 될 테니까요

가난에 떨고 있는 빈자의 곁으로
나는 털옷을 걸친 맹인으로 다가갑니다
따뜻하게 품에 안아 당신을 잠들게
해줄 수 있으니까요

지치고 힘든 역경의 시간 속으로
가만히 들어갈게요
당신의 거친 심장에
사랑의 높은음자리를 채워 줄래요

나는 당신을 포구의 불빛으로 안내할게요
더 이상 혼자가 아니라
따뜻한 꿈을 가꿔
사랑으로 젖어 흐르게 하려구요

위태로운 희망

잡다한 사연들이 검불로 잦아들고
간당거리는 이파리 달랑 하나 남겨둔 채
위태로운 시간 앞에 섰다

애원처럼 매달린 사랑도 꼬투리에 갇히고
젖은 들판에 눈물처럼 낙엽이 진다

구차한 어제를 내려놓아
푸른 호흡을 새롭게 영입시키면
강으로 흐르는 노을마저도
붉게 익어 갈 수 있겠다

한 송이 눈꽃 뜨겁게 피워 올리며
별이 돋는 시간까지
희망의 모닥불 지펴 가야겠다

노부부

늦가을 오솔길 느린 걸음으로
격렬했던 시간을 삭이고 있다

맞잡은 손으로 근근이 온기 만들고
창호문으로 새어드는 바람 막아
얇아진 날을 헤아려 본다
푸른 오두막이 문득 화사했지만 오늘은
마주보는 시간 하나로
폭우도 막아내고 긴 밤을 쪼개어 지킨다

굵은 주름 사이로 내려앉은 세월 또 세월
무겁고 흐려진 시야
분간할 수도 없는 먼 기억이지만
인연의 고리는 헐거워
견디며 살아낸 사연이 들락거리는데
저녁연기 속으로 스미는 무언의 강물
애틋이 지켜내는 황혼의 무게여

도래할 향연에 미안한 마음 먼저 간다

빼앗긴 봄

혼자 놀고
혼자 노래하는 긴 하루
어제도 오늘도 그렇다

겨울은 갔지만 봄이 여태 오지 못하고
꽃자리 터진 가지마다
물집만 통통하다

자연의 섭리가 무너진 세상에서
인류의 오만함으로 애인 같은 봄을 빼앗겼다
그 자취 더 그리워서
사람이 흘린 눈물을 핥아먹는 중이다

이 화사한 날이 다 가기 전
강변에 나가 휘파람 한 자락 시원하게
토해내고 싶은 것도
산수유 노란 봄날을 홀려 보고 싶은 것도
'사회적 거리두기'라는 낯선 헤어짐에서
풀려나고 싶은 까닭인데

슬픔이 봄날 천지로 흐드러졌으니
어쩌란 것인가

동트기 전

절제된 소리와
빛의 침묵과 같이
새벽은 준비하는 것이고

기다림은
무대 위에 세워질 당신의
도전으로 빛나게 되는 것

죽은 시인이 드러내지 못한 열병과
피우지 못한 사랑이
잠에서 깨어나
오늘을 차지하게 되는 것

김장김치

혀끝을 마비시키는 매운 그 맛과
가을 바다에서 건져 올려 절여진 새우젓이
알싸한 양념들과 버무려진다
독에 갇혀
추위와 기다림과 햇볕으로
땅속 깊은 곳
흙으로 숨을 쉬면서
인생의 짠맛을 탄생시킨다

나는 아직도 익지 못해
풋내 설컹거리는 어설픔으로
부딪고 상처에 눈물 흘린다
인연에 버무려져 자유롭지도 못하다

톡 쏘는 맛
내장까지 밀고 스며들면
매운 것은
더 이상 매운맛이 아니다
푸른 시절 무심함이

저항을 거두며 단내로 익어
완숙한 황혼으로 맛이 스민다

도마질

미처 아침을 맞이하기도 전에
귀 익은 리듬이다
달큰한 음악이다

새벽 부엌에서 엄마의 정성이
만들어지고
편안한 심장의 펌프질이
노곤한 아침을 깨웠다

오늘 새벽은 내가
도마질로 가족의 아침을 깨우지만
유년의 익숙한 리듬인가
그리움의 토닥임인가

내 어머니 손맛을 감히 따를 수 없어
흉내라도 내어 본다

그 아름다운 아침의 음악이
눈물나게 파도친다

사랑 하나면 충분하다

준비 없이
빈손으로 따라나설
용기 내게 있는가
한 움큼의 추억과
몇 겹의 인연 남겨두고서

그래도
사랑 하나 챙겨 떠나면
충분하지 않는가

눈물이

맵고 시린 바람으로 걸어온 길 숲에
청춘을 부려 온 불꽃이 곰삭아
대장간의 쇳물처럼 녹아내린다

두터운 장막으로 벽을 쌓아올려도
틈새 비집고 바람은 샌다
헐거워진 영혼인가
주체할 수 없어 흐르는 눈물이
어둠을 따라 통곡의 벽을 넘고 있다

낯선 사람에 섞여도 코끝 찡해
타인의 서러움 속에서 빠져나오지 못하는 침몰
심장 떨림은
내내 강물처럼 범람한다

기억 저 너머 동리 입구에
겨울비 쏟아지고
떠밀린 바다 밀물로 달려드는 뜨거운 눈물
그 한으로 다가가는 설움이다

팔월의 숲

팔월이 비에 젖는 날
숲에서 휘파람이 날아오르고
그 안에 묵은 열꽃은
하얗게 식어 흉터로 앉는다

화롯불을 지피던 시간들이
소리 내어 펑펑 울고 있다
찌르는 열기에도 저항하지 않고
죽음처럼
무릎 꿇어 구속당한 날들이
성찰의 시간을 맞고 있다

고독한 수행자의 뒷덜미에
한숨이 꽃처럼 핀다
정결한 의식으로
팔월은 해방되고 있다

행복하거라 딸아

미지의 그림자도
무지개 옷을 입히고
먹구름 천둥에 낙뢰마저도
고운 파스텔로
화판을 채운다

두려움은 둘이서 맞서면 되고
아픔은 쪼개어 나누면 되고

수만 가지 추억과
아련함까지
뭉뚱그려 싸안고
꽃길 행진을 하던 날

첫걸음 휘파람 타고
세상으로 닿는 내 딸
행복하거라

그 아이

여기던가
낯선 곳에 내가 서 있는
두터운 기억 속이

솔방울 줍던 손등 위로
가을 햇살 환하게 돋던
그 시절의 엽서가 거친 세월 지나
막 배달되었는데
이름이 멀다

소나기를 피하던 함석지붕 처마 밑
수줍은 미소 피어나고
미제 연필 두 자루에서 꼬깃한 땟국도
행복으로 젖어 흐르고

잊힌 듯
여전히 남아 있는
시간 속에

그 아이 선한 눈빛은
허위허위 산길 내려가고 있었다

봄은 아직 멀었나 보다

방바닥이 냉골이고
외풍마저 귀를 찢는데
감나무 한 톨 남겨 둔 까치밥
함께 겨울을 나고 있다

비워 헐렁한 나뭇가지 사이로
인색한 햇살 소금처럼 다녀가면
훨씬 더 춥고
배가 고프다

서쪽 하늘로 사라지는 저무는 저녁인데
겨울은 한처럼 길고
봄은 아직 멀었나 보다

인색한 세상 냉골로 살면서도
희망을 색칠하며
녹록지 않은 바깥세상 기웃대 본다
허기진 욕망 숨길 수 없어서
무능한 세상 질척이며

장홧발로 또 길을 나서지만

그래도
봄은 아직 멀었나 보다

강물

절로 생겨나 절로 흐르니
세상에 욕심 하나도 가두지 않고
엉키지 않는가

비켜 가면 그뿐이지
흐르다 만난 인연에도 매이지 않는가

물안개가 놓고 간 고뇌 끌어안고
쉬며 쉬며 세월을 간다

해설

|해설|

서사적 집단 심리에 대한 서정적 접근
―이진순 시인의 시세계

김순진 | 문학평론가, 고려대 평생교육원 시창작과정 교수

  이진순 시인이 또다시 필자에게 작품 해설을 의뢰해 오셨다. 지난 2017년 말, 이진순 시인은 『누구나 자기만의 무인도가 있다』라는 시집을 상재할 때 내게 작품 해설을 의뢰하셨다. 나는 그때 이진순 시인의 시편들을 〈회상에서 미래로 환치되는 법고창신의 언어〉라는 제목을 달아서 해설을 써드렸던 기억이 난다. 그런데 3년여 만에 또다시 시집 해설을 의뢰해 오셨다.
  나는 이진순 시인께서 보내오신 84편의 시편들을 면밀히 읽어 본 바, 그녀는 시인의 직무를 성실히 수행하고 있었다. 7, 80년대만 하더라도 대학교에서 철학과는 인기 학과였다. 그런데 지금은 거의 모든 대학에서 철학과

가 폐지되었다. 지금 인간들은 '어떻게 살 것인가'에 대한 고민이 없다. 아니 그런 고민조차 사치다. 먹고 살기에 급급하다. 즐기는 일에 급급하다. 왜 사는가에 대한 고민은 사치처럼 보인다. 그래서 국어국문학과도 거의 자취를 감추고 있다. 자동차와 휴대폰을 만들고, 게임을 개발하는 것도 중요하지만, 인간은 존재에 대한 고민이 필요한데 다들 귀찮고 힘드니까 그런 고민을 내버리고 그저 시시덕거리며 웃음 생산에 주력한다. 어찌 보면 그것이 행복한 것처럼 보일 수 있다. 그렇지만 그것은 진정한 행복의 방식이 아니다. 내면 깊은 곳으로부터 오래도록 올라오는 미소 같은 웃음이 이 사회를 미래로 밀어올리는 동력이다. 현대사회는 집단의 꿈보다 개인의 행복만을 추구하는 사회다. 그런 사회는 집단이나 국가의 미래를 포기한다. 결국 부모나 선배에 대한 관심은 없는 청년들이 꿈과 희망을 포기하게 되는 것이다.

　동물도 약간의 기억력을 가지고 있지만, 인간처럼 무엇을 만들고 미래를 설계하지는 못한다. 오직 인간만이 미래를 설계하고 도시를 창조한다. 그런 설계와 창조의 밑바탕에는 편리성便利性이란 집단적 사고思考가 깔려 있다. 시인은 사회적 이슈에 대하여 적극적으로 사고하고 펜을 들어야 한다. 이진순 시인은 '일제 강점기의 징용 문제', '제주도 난민 문제', '코로나19 바이러스 문제' 등에 대하여 직시하고 이를 시 속으로 적극적으로 끌어

들인다. 대부분의 시인들이 바람과 계절, 자연의 생성과 소멸에 관심을 가지거나 인간의 생로병사에 관하여 관심을 가지는 데 반하여, 이진순 시인은 사회의 생로병사에 대하여 관심을 가진다. 말하자면 서사적인 집단 심리에 대하여 서정적으로 접근해 이미지화하고 있는 것이다.

그럼 이쯤에서 이진순 시인의 시 몇 수를 읽어 보면서 그녀가 우리 사회의 병리현상에 대하여 어떻게 참여하고 있는가를 살펴보기로 하자.

> 양지쪽 이른 봄을 찾아/ 졸음을 친구 삼는 아버지의 휴식에/ 바람 한 줄기 찾아와/ 나른함을 얹습니다// 고무신 끝에 밟힌 따스한 볕자락은/ 혹독했던 젊음을 데려와/ 발자국에 입맞췄습니다// 코끝 돋보기로 드러나는 세상 이야기를 위로 받으며/ 궤짝 같은 라디오에서 흐르는 선율을 안고/ 오수를 즐기는데/ 니가타현 금광에 환희의 깃발도/ 높게 펄럭입니다// 마당을 선회하던 나비 한 쌍/ 당신이 앉아 밭은기침 달래던 자리에/ 그리움이란 노랫말 고르고 있습니다
> ―〈아버지의 의자〉 전문

시인은 공인이다. 시에 있어 화자는 시인 자신이 아니다. 시인은 자신의 경험만을 기술하는 사람이 아니다. 시인에게 있어 다른 사람의 경험 역시 자신의 경험이 된다. 가깝게는 가족들의 경험 이야기에서부터, 이웃들의 이야

기도 화자가 될 수 있으며, 멀게는 외국 사람의 이야기나, 사물의 생성과 소멸에 이르기까지 시인은 화자로 참여할 수 있다. 그런 점에서 이진순 시인의 시적 관심은 남다르다. 개인보다 사회란 포괄적인 접근 방식을 택하고 있는 이진순 시인의 시적 관심은 협소한 시인들의 관심을 확장시키는 데 도움을 준다.

나는 이진순 시인의 아버지가 일본에 징용을 갔는지는 잘 모른다. 하지만 이 시에는 일본에 징용을 갔다 온 듯한 시구詩句가 나온다. "니가타현 금광에 환희의 깃발도/ 높게 펄럭입니다"라는 구절이 그것이다. 이진순 시인은 왜 '니가타현 금광에 환희의 깃발'을 꽂았을까? 그리고 그 깃발을 꽂은 사람은 누구일까? 나는 깃발을 꽂은 사람을 우리들의 아버지에 대한 통칭으로 읽는다. 그리고 그 환희의 깃발은 마침내 광복을 맞이하는 우리들의 아버지에 대한 수고에 대하여 박수를 치고 있다고 보아진다.

보통의 시인들은 아버지의 수고를 표현하기 위하여 '탄광'을 소재로 불러와 아버지의 수고를 비유한다. '막장'을 어둠의 광산 안에서 시커먼 무연탄 먼지를 뒤집어쓰고 채굴하는 사람은 총칼과 채찍 앞에서 학대받는 우리 민족의 상징으로 읽힌다. 그런데 이진순 시인은 금광을 비유하였다. 왜 그랬을까? 그것은 아마도 '희망'을 이야기하고 싶어서였을 것 같다. '어둠'을 소재로 징징거리고 읍소해 봐야 '희망'을 소재로 '환희의 깃발'을 꽂아 '높게 펄럭' 이게 하는 것만큼 효과를 낼 수 없었을 것으로 판단하신 것 같다. 인간에게 희망이란 최고의 에너지 발생 요인이다.

프랑스의 작가 쥘 베른은 인간이 비행기나 잠수함, 우주선을 개발하기 이전인 1828년에 태어나 1905년에 작고했다. 쥘 베른은 비행기나 잠수함, 우주선이 만들어지고 상용화되기 전에 우주, 하늘, 해저 여행에 대한 글을 썼다. 그가 바닷속을 마음대로 여행하는 『해저 이만리』라는 과학소설을 썼을 때 사람들은 비웃음으로 그를 대했다. 인간이 어떻게 바닷속을 마음대로 다닐 수 있느냐는 이유였지만 이 소설이 나온 지 불과 10여 년 만에 잠수함이 개발되었다고 한다. 쥘 베른이 비행기를 타고 세계를 여행하는 소설을 쓴 이후 20여 년 만에 인간은 비행기를 개발하고 상용화했다고 한다. 그리고 마침내 쥘 베른의 상상처럼 우주 여행을 가능하게 했다. 그 밑바탕에는 희망이라는 엄청난 에너지 발생 요인이 있었다.

이진순 시인이 〈아버지의 의자〉에서 설정한 니가타현 금광에 펄럭이게 한 환희의 깃발은, 36년 동안 계속되어 온 압제 속에서 금과 같은 광복을 캐낸 우리들의 아버지를 노래하고 있다고 보여진다.

  신발을 문질러 빨면서도 박박/ 긁어 대는 수세미 끝으로/
  미움의 고뇌가 더 깊게 밑창에 깔린다// 눌러 박힌 절망의 땟국/ 켜켜이 들어앉은 원망의 탄식도/ 한 생애 속에 다져져 있다 // 두들겨라 비눗물에 녹인 애착이 빠질 때까지/ 시원한 물줄기에 눈물이 닦이거든/ 또아리를 튼 뱀 대가리에서 독기를 꺼내도 좋겠다 // 오래오래 햇빛에 널어 두면/ 대문의 빗장은 열리고/ 떠내려간 혈액이 돌아오려나/ 마중 나갈 새 신을 신어야겠다 // 기약 없는 통증의 각피角皮를 벗고/ 너 없는 세상으로 떠나는 여행에/ 이륙이 시작됐다

―〈오늘의 운세〉 전문

좋은 시란 있는 사실을 가져다 열거하는 것이 아니라, 딴청 부리기다. '사과'라는 시를 쓰기 위하여 이진순 시인은 사과 주변에 기생하는 낱말을 가져다 쓰지 않는다. 일반적으로 시인들이 자주 범하는 우를 이진순 시인은 넘어서고 있다. 이를테면 사과 주변에 기생하는 말은 "새콤달콤하다, 시다, 달다, 사과하다, 대구, 경북, 나누다, 쪼개다" 같은 사과를 생각하면 금방 떠오르는 말은 시 '사과'를 효과적으로 표현해내는 말로 적합하지 않음을 이진순 시인은 알고 있다. 그래서 그녀는 '오늘의 운세'라는 시를 전개함에 있어, 운세에 기생하는 말을 가져다 쓰지 않는다.

이를테면 "일진, 날짜, 방향, 귀인, 간지, 띠, ~하라, ~하지 마라, 행운, 불운" 등의 말을 가져다 쓰는 것이 아니라, 오늘의 운세와는 전혀 다른 이미지 언어를 데려다

〈오늘의 운세〉를 써내려간다. 딴청 부리기다. 러시아 형식주의자들이 말하는 '낯설게 하기' 기법이다. 인간은 낯선 것을 좋아한다. 자기가 살던 고장보다는 다른 고장이 신선하게 다가오는 이유도 그것이다. 농어촌 출신은 도시가 좋고, 도시 출신은 농어촌이 좋다. 우리가 외국 여행을 선호하는 것도 그런 이치다.

이진순 시인의 시 〈오늘의 운세〉에는 오늘의 운세에 관한 시어는 나오지 않는다. 그냥 일상어만을 사용해서 '오늘의 운세'에 관한 심상을 이끌어 간다. 신발을 빨면서 새로운 길에 대한 가능성을 이야기한다. 땟국물 같은 내면의 독기를 벗겨내고, 자신을 오래오래 햇볕에 널어놓으려 한다. 그리하여 그녀는 "기약 없는 통증의 각피角皮를 벗고"서 운세 같은 허무맹랑한 존재에 대하여 관섭 받지 않는다. 그녀에게 운세 같은 것은 존재하지 않는다. 다만 내 안의 독기를 빼고, 자신을 희망이라는 햇볕에 노출시켜 에너지를 충전한다. 그리고 스스로의 여행을 떠나는, 이륙을 시작한다.

내전을 피해 도망 나온 한 사람/ 큰 눈동자가 호수처럼 맑다/ 고향 얘기 물어오면/ 무너질 듯 휘청거리던 검은 이방인/ 발 닿는 곳 어디에도/ 등 대고 누워 고른 숨 돌아볼 터전 없이/ 뱃길 따라 작정 없이 흘러들었다 // 이 땅에 두지 마라/ 내쫓아라/ 귀 막고 눈감아도 소통 안 되는 사람들에 끌려/ 언제 밀려날지 곤혹의 날 // 낭만은 공부에 저당잡히고/ 희망에 매달리며 청춘을 허비해도/ 아무도 지켜주지 않는 매정한 현실/ 젊은 혈기는 실업으로 점점 내몰리고/ 어디에도 방패가 없는 두려운 세상/ 스스로 벗어나고 싶다/ 이 땅을 제 발로 걸어 나가고 싶다 // 누가 진짜 난민인가

—〈누가 진짜 난민인가〉 전문

2018년 제주도에는 예멘 출신 난민 500여 명이 오랜 내전 끝에 탈출해 쪽배를 타고 와 입항했다. 이를 통해 우리나라는 또다시 찬반 논리로 양분되었었다. 난민을 받아 주느냐 받아 주면 안 된다 하는 문제인데, 그때 나는 죽음으로 내몰린 그들을 무조건 받아야 한다고 생각했었다. 기아와 극심한 목마름을 견디며 수만 킬로미터의 거리를 표류하다 제주에 도착했는데, 그들을 받지 않으면 그들은 죽을 수밖에 없는 현실이기 때문이었다. 그들 중에는 젊은 남성들의 비율이 높다느니 테러리스트가 있을 수 있느니 하며 많은 우려를 나타내고 있었지만, 테러의 가능성을 위해 그들을 또다시 사지로 내몰 수는 없는 것이다. 이진순 시인의 생각과 내 생각이 같다는 점에 안도의 숨을 내쉰다.

이진순 시인에게는 우리 청년들이 난민이란 생각이다. 요즘 청년들은 3포세대, 5포세대, 7포세대로 불린다. 3포세대란 연애와 결혼, 그리고 출산을 포기한 세대를 말한

다. 취직이 어려우니 경제 활동을 할 수 없고, 그에 따라 꿈이 포기된 청년들은 이진순 시인이 말하는 것처럼 난민이라 해도 과언이 아니다. '연애, 결혼, 출산'에다 '인간관계와 내 집 마련'을 포기한 세대를 5포세대라고 한다. 청년들이 연애를 포기한다는 것만으로도 얼마나 비참한 말인가? 한참 사랑해야 할 세대들이 실업 상태에 있으니 사랑을 포기하게 되면 모든 것이 스톱된다고 할 수 있다. 경제 활동이 가능하지 않아 주머니에 사람을 만날 만큼의 용돈이 없으니 인간관계를 포기하게 된다. 이미 직장인이 월급을 받아 내 집을 마련한다는 것은 불가능한 상태가 되었다. 월급으로 200여만 원 남짓 받아 생활비를 제외하고 절약하여 월 100만 원을 저축한다고 해도, 3억 원 이상을 호가하는 내 집을 마련하기 위해서는 30여 년이 걸린다는 계산이 나온다. 청춘이 다 가고 나서의 시점이다. 그러니 젊은이들로서는 포기하는 쪽이 현실적이란 판단이 들 것 같다. 7포세대란 '연애, 결혼, 출산, 인간관계, 내 집 마련'을 포기하는 것에 그치지 않고 '희망'과 '꿈'마저 포기한 세대를 말한다. 젊은이들이 희망과 꿈을 포기한다는 것은 우리의 미래가 포기된 상태를 말한다. 가슴이 아프다.

　이진순 시인의 말처럼 우리 청년들이 난민이다. 나도 아들이 대학을 졸업한 지 3년 만에 직장을 얻게 되어 함께 견디는 시간 동안 얼마나 심장이 쫄깃하였는지 느꼈다. 조카들이 대학을 졸업한 지 몇 년이 되었지만 아직 직장을 찾지 못하고 방황하고 있는 것을 보고 가슴이 아리다. 우리는 이진순 시인처럼 이 난민 청년들을 보듬고 격려해 주어야 한다.

> 추운 것은/ 시린 바람 탓만은 아니다// 세월을 껴안은/ 비닐 천막 속 하루가 외롭고 빈한한 것과// 붕어의 살집 안으로/ 남자의 고된 일상이 딸려 들어간다/ 붕어의 눈물과 함께// 바삭하게 구워진 붕어빵이/ 오장을 녹이면서 잠시/ 시름을 거두고 있다/ 화덕의 열기가 세상의 추위를 다 녹일 수 없지만/ 한 쪽에 웅크린/ 남자의 살림살이를 덥힐 수는 있겠지// 썰렁한 저녁/ 그 남자의 얄팍한 전대纏帶 안으로/ 칼바람이 들어서고/ 손놀림이 조급해질 때/ 화려한 도시의 조명 속 어딘가로/ 그 남자의 붕어빵은/ 헤엄쳐 다닐 것이고// 신기루 저 멀리에/ 새벽달이 돋는다
> ―〈붕어빵을 굽는 남자〉 전문

이 시도 크게 보면 사회현상에 대한 접근으로 볼 수 있다. 나도 젊은 시절 붕어빵 장사를 했던 경험이 있다. 사업에 연거푸 세 번씩이나 실패했던 나는 막노동이며 세일, 노점에 이르기까지 닥치는 대로 일을 하며 살았다. 지금의 사무실도 내가 잇단 사업에 실패하여 인력시장에 나가 날마다 다른 곳으로 팔려가며 막노동을 할 때 지은

건물이기에 더욱 애착이 간다. 공무원을 하던 내가 붕어빵 장사를 한다는 것은 정말 부끄러운 일이었다. 그렇지만 나는 부끄러움을 저버리고 생활고의 해결을 택하기 위하여 붕어빵 리어카를 끌고 거리로 나왔었다. 그때 나는 노숙자가 되는 사람들을 보면 이해할 수가 없었다. 신체가 건강한 나는 내 한 몸 희생해 막노동이라도 하면 최소한 아이들의 분유 값, 기저귀 값은 해결할 수 있었다. 부끄러움은 나에게 사치였다. 나는 5년 동안 붕어빵, 튀김 장사를 하며 길거리에서 밤을 새웠다. 손님이 오면 붕어빵과 튀김을 팔았고, 손님의 발길이 뜸해지면 시집과 시론을 읽으며 공부했다. 그렇게 공부해서 지금의 교수가 된 것이다.

"붕어빵에는 붕어가 없다"는 말을 우리는 곧잘 한다. 붕어빵에 붕어가 있을 필요는 없다. 붕어빵이란 고형의 틀에 붕어빵 반죽을 부어 붕어 모양으로 빵을 구워내는 것이다. 흔히 잘생긴 사람을 범틀이라고 한다. 틀이 좋다는 말은 체형이 좋다는 말로 해석할 수 있다. 우리는 붕어빵 같은 틀, 국화빵 같은 사회적인 틀 속에 살고 있다. '눈뜨면 회사 가고, 돌아와서 잠들기'를 반복한다. 그런데 이런 틀마저 무너진 사람들이 너무 많다. 사람은 저마다 사연이 있다. 붕어빵을 굽는 저 남자의 사연에 대하여 이진순 시인도, 그 시를 읽는 나도 알지 못한다. 붕어빵을 데우는 가스불이 붕어빵을 굽는 남자의 가슴까지 데

위 줄지는 모른다. 그러나 이진순 시인은 웅크린 남자의 살림살이를 따스하게 덮어 주기를 소망한다. 그 남자의 붕어가 물을 만나 또다시 힘차게 헤엄치기를 소망한다. 신기루란 사막이나 도로 위에 물이 고인 것처럼 보이는 현상이다. 붕어빵을 구워 건물을 샀다는 사람의 소식은 듣지 못했다. 붕어빵 반죽을 공급하거나 붕어빵 기계를 팔아야 하지만, 많은 사람들은 임시방편으로 붕어빵을 굽는 데 덤벼든다. 그렇지만 실패한 사람이 붕어빵조차 굽지 않는다면, 스스로의 삶이 식은 붕어빵처럼 굳어질 것은 번한 이치다. 추위가 와야만 팔리는 붕어빵은 봄이 오는 계절과 동시에 급격히 매출이 떨어지는 상품이다. 붕어빵 장사란 일시적인 신기루현상이다. 얼마든지 많고 자주 만날 수 있다. 신기루는 신기루일 뿐이며 물이 아니다. 갈증을 해소하려면 우물을 파거나 물가로 걸어가야 한다. 그래서 이진순 시인은 그 남자가 붕어빵을 굽고 있는 것은 신기루같이 일시적인 현상이지만 "신기루 저 멀리에/ 새벽달이 돋는다"라고 말하면서 이제 힘든 시기가 곧 끝나게 되기를 소망하고 있는 것이다.

쪼개진 산들이 출렁일 때마다/ 반짝이는 물결 춤사위에/ 일렁이는 그림자의 교태/ 합창인 듯 실내악인 듯/ 그윽한 소리조차 물 아래 장엄하고/ 갈매기는 수채화 여백에 붓점을 찍는다 // 두고 온 날들이 동화처럼 아득해/ 내 기억도 멀다/ 폭풍우도 잊었으니/ 꽃비도 묻히고/ 걸어온 길은 물밑으로 가라앉는다 // 여기 혁명의 역사는/ 오늘의 시계를 작동시키고/ 시테섬을 감싸는 강변의 끝자락이/ 내 외로움을 파고든다
―〈센강 변에서〉 전문

센강은 우리나라 사람들이 가장 좋아하는 외국 여행지 중 한 곳이다. 센강, 또는 세느강, 센느강 등 개인의 발음에 따라 다양하게 불리는 이 강은 무드잡기를 좋아하는 우리나라 사람들이 가장 가보고 싶어하는 해외 여행지다. 한국관광공사에서 성인 남녀 1,000명을 대상으로 경비와 시간 문제를 생각지 않고 가보고 싶은 곳을 10곳을 꼽으라고 했더니, 그중 1위는 단연 프랑스 파리로 나타났다고 한다. 파리에는 에펠탑이 상징물처럼 솟아 있다. 에펠탑은 1889년 프랑스 혁명 100주년을 기념하여 개최된 세계박람회를 위해 세워진 구조물이었는데, 박람회 철거할 예정이었으나 관광객들로부터 인기가 좋아 벌써 140년째 그대로 두고 있다고 한다. 에펠탑이 위용 있게 치솟아 있는 파리에는 센강이 장구하게 흐르고 있다. 센강은 코트도르주 디종 근처 랑그레 고지에서 발원하여 트루아, 파리, 노르망디, 르아브르 등을 거쳐 영불 해협으로 빠져나간다. 철도가 건설되기 전에는 중요한 내륙 수로內陸水路로서 역할을 담당했지만 지금은 수많은 관광객을 불러들이는 프랑스의 효자 노릇을 하고 있다.

관광객을 불러모으는 요인으로는 여러 가지를 꼽을 수 있다. 예를 들면 자연 경관, 역사 유적, 종교, 문화, 음식 등 다양한 요인이 그것인데, 그중에서도 센강처럼 수려한 자연 경관은 관광객을 불러모으는 마르지 않는 화수분이다. 이는 다만 물관리가 잘 되었을 때만 가능한 일이다. 한강의 기적이라 불릴 만큼 우리나라도 한강의 물을 잘 관리한 덕택으로 눈부신 성장을 했다.

이진순 시인이 독자를 불러모으는 방법은 국가가 관광객을 불러모으는 방법과 유사하다. 이진순 시인 역시 자연 경관, 역사 유적, 종교, 문화, 음식 등 다양한 소재를 써서 독자의 눈길을 사로잡는다. 시인들에게 있어 자연 경관은 거부 못할 소재다. 자연 경관을 소재로 시를 쓸 때 주의해야 할 점이 있다면, 지나친 감탄이나 경관에 대한 겉치레 묘사다. 그런데 이진순 시인은 이를 잘 알아차리고 센강에 대한 지나친 감탄이나 상세한 경관 묘사보다는 역사적 배경에 주목하면서 개인의 감정을 은연중에 심어 놓는다. 시란 지극히 주관적인 문학임으로 개인적 세계관이 무엇보다도 중요하다는 사실을 이진순 시인은 주지하고 있는 듯하다.

증기 기관차에서 치뿜는 하얀 연기가/ 겨울 하늘을 뽀얗게 덮고/ 식식대는 검은 머리 보무도 당당하게/ 수레바퀴는 육중하고 거대하게/ 역사에 들어선다 // 선로에 밀랍 되어 얼어

붉은 조바심과/ 웅크린 기다림은/ 반가운 비명으로 창을 먼저 넘고/ 거칠 것 없는 욕망의 깃을 세워/ 자잘한 소란을 타고 청춘 참으로 청명하다 // 소녀의 단발머리가/ 매운바람으로 휘날릴 때/ 한사코 밀어낼 수 없는 불꽃과 푸른 떨림/ 품 안에 깃들고/ 허름한 삼례역 칠 벗겨진 안내판에서/ 겨울 햇살 멀어지며/ 아침은 극채색 꽃으로 만발하고 있다

―〈삼례역 풍속도〉 전문

삼례역은 전북 완주군 삼례읍 후정리에 있는 철도역이다. 전라선의 한 정거장이다. 그런데 삼례역은 원래 철도역의 이름이 아니었다. 지금은 철도가 지나다 정차하는 곳을 역驛이라 부르지만, 고려 시대나 조선 시대에는 철도가 없었으므로 교통 시설의 하나였다. 당시 교통 시설에는 역驛과 참站이 있었는데, 역은 참보다 큰 개념의 교통 중심지 같은 곳으로 대도시의 개념의 휴게소였고, 참은 평균 25리마다 세워진 마을 단위 개념의 휴게소 같은 곳이었다. 역은 단순히 육로에 세워졌지만, 참에는 육참과 수참이 있어 강이나 바닷길이 닿는 곳에도 참이 세워졌다. 그러나 나중에는 같은 개념으로 쓰였고, 거리도 비슷하게 되었다고 전해진다. 고려 시대나 조선 시대에는 공문이나 소식을 전하기 위해서는 파발제를 실시하였는데, 서울의 구파발역은 파발역이 있던 옛 자리라는 뜻이다. 특별히 선발되어 역이나 참에서 근무하는 공무원 격

의 파발들은 우체국의 전보 배달 직원과 같은 역할을 하면서 공문이나 소식을 가지고 일정한 역이나 참까지 말을 타고 달려가면, 그 소식을 받아 또다시 다음 역으로 달려가 전해 주는 일정의 배턴 터치 같은 소식 기관이 역이었다. 아마도 삼례역은 이진순 시인의 고향에 있는 역이거나 고향과 가까운 곳으로 보여진다.

앞서 말한 바와 같이 시인들은 자연 경관, 역사 유적, 종교, 문화, 음식 등과 같은 소재들을 시제로 자주 올린다. 누구에게나 고향이 있다. 시인은 자신의 고향에 관한 지명 유래, 역사적 현장 등 역사 유적에 관하여 기술해야만 하는 의무가 있다. 그 지방 출신의 시인이 그 지방의 역사 유적에 대하여 무관심하다면 그 역사 유적은 역사에서 사라지고 만다. 그러나 지명이 삼례역이라 할지라도 시가 지나치게 역사만을 강조할 필요는 없다.

곽재구 시인의 〈사평역에서〉란 시는 존재하지 않는 역에 관한 시다. "그러나 사평역은 가상의 공간이 아니다. 1980년 5월 광주민주화항쟁이 군부의 총칼에 무참히 짓밟혔던 암울한 현대사의 질곡을 배경으로 하기 때문이다."라고 한국민족문화대백과사전은 기술하고 있다. 안도현의 〈바닷가 우체국〉이란 시 역시 존재하지 않는 바닷가 우체국을 상상으로 쓴 바닷가 우체국이었고, 후일 그 시가 폭발적인 인기를 얻게 되자, 실제로 바닷가 우체국이 세워졌다고 한다.

이진순 시인은 '삼례역'을 소재로 시를 쓸 때, 역사적 사실에 주안점을 두지는 않았다. 그것은 시가 지나치게 역사적 사실을 주지하다 보면 문학성을 떨어뜨릴 수 있기 때문이리라 생각된다. 때문에 이진순 시인은 〈삼례역 풍속도〉에서 역시 개인적 세계관을 통해 관조해내고 이를 진술한다. 누구와 같은 시, 누구와 비슷한 시가 아닌, 가장 이진순 시인다운 시를 써내고 있는 것이다.

> 혼자 놀고/ 혼자 노래하는 긴 하루/ 어제도 오늘도 그렇다∥ 겨울은 갔지만 봄이 여태 오지 못하고/ 꽃자리 터진 가지마다/ 물집만 통통하다∥ 자연의 섭리가 무너진 세상에서/ 인류의 오만함으로 애인 같은 봄을 빼앗겼다/ 그 자취 더 그리워서/ 사람이 흘린 눈물을 핥아먹는 중이다∥ 이 화사한 날이 다 가기 전/ 강변에 나가 휘파람 한 자락 시원하게/ 토해내고 싶은 것도/ 산수유 노란 봄날을 홀려 보고 싶은 것도/ '사회적 거리두기' 라는 낯선 헤어짐에서/ 풀려나고 싶은 까닭인데∥ 슬픔이 봄날 천지로 흐드러졌으니/ 어쩌란 것인가
> ―〈빼앗긴 봄〉 전문

이 시는 지금 세계를 강타하고 있는 '코로나19 바이러스감염증'에 관한 시다. 이를 줄여서 '코로나19 바이러스' 또는 '코로나19'라고도 하는데, 이는 지난 2019년 12월 중국 우한에서 시작된 전염성이 매우 강한 호흡기

감염질환이다. 우리나라는 대구 경북 지역에서 특정 종교단체의 특별한 종교행사 습관으로부터 집단 감염되어 전국으로 퍼졌다. 2020년 4월 29일 현재 10,752명이 감염되었고, 244명이 이 전염병으로 사망하였다. 세계를 통틀어 300만여 명 감염자와 21만여 명의 사망자가 나왔다. 세계는 코로나19 바이러스로 인해 패닉 상태에 빠졌다. 미국에는 무려 100만여 명의 감염자가 발생하고 있으며, 56,000여 명이 사망하였다. 실로 전시 상황이다. 아마도 어떤 나라가 자기 나라를 침공하여 100만여 명의 부상자를 만들고 6만여 명의 사망자를 냈다면 그것은 이보다 심각한 전쟁은 없을 것 같다.

이진순 시인의 이 시는 코로나19 바이러스로 인한 사람들의 삶의 방식과 고통을 잘 말해 준다. 이 시인은 코로나19 바이러스로 인해 "혼자 놀고/ 혼자 노래하는 긴 하루/ 어제도 오늘도 그렇다"라고 말한다. 이는 단지 이런 생활을 하고 있는 것은 이진순 시인만이 아니다. 정부에서 권장하는 '사회적 거리두기'란 새로운 생활수칙에 따라 혼자 밥 먹고, 혼자 놀고, 혼자 일하는 날들이 지속되고 있다. 시인은 과거나 쓰고, 바람이나 읽는 사람이 아니다. 이진순 시인처럼 시인은 시대적 상황에 발 빠르게 대처하여야 한다. 이진순 시인의 말처럼 우리는 2020년 봄을 코로나19에게 빼앗겼다. 친구를 빼앗기고, 직장을 빼앗기고, 하물며 사랑마저 빼앗겨야 했다. 그러나 언어지는 것도 있다. 우리는 위기는 기회라는 말을 자주 한다. 우리나라는 코로나19 바이러스에 효과적으로 대처하여 모범 국가로 선망의 대상이 되었고, 코로나19라는 특수한 상황에서 치른 총선에서도 코로나19 바이러스에 잘 대처한 문재인 정부의 선방에 후한 점수를 받은 집권 여당이 전례 없는 대승을 하였다. 나는 코로나 바이러스로 인해 그리 오래도록 마시던 술을 끊었고, 그림 그리기와 기타 치기 등 평소에 하고 싶었던 것들을 시작하여 재미에 빠져 있다. 이진순 시인 역시 코로나19 바이러스 기간을 통해 시집을 출간하고 있으니 위기를 기회로 삼은 셈이다.

지구상을 뒤덮고 있던 공룡들은 한꺼번에 멸망하였다. 공룡의 멸망설에는 여러 가지가 있다. 그 첫 번째가 행성 추돌설이다. 지구에 행성이 추돌하여 상대적으로 큰 생명체들이 모두 멸망했다는 학설이다. 두 번째가 빙하기설이다. 갑자기 추위가 몰려와 체온 유지가 어려운 공룡들이 멸망했다는 학설이다. 세 번째는 내가 주장했던 학설인데, 공룡들은 새끼를 잡아먹거나 새끼의 먹이마저 뺏어 먹는 등 사랑이 없어 죽었다는 주장이 그것이다. 그런데 나는 여기에 공룡의 멸망 이유를 한 가지를 더 덧붙여야겠다. 전염병설이 그것이다. 공룡들에게 전염병이 돌아 순식간에 공룡들이 멸망했을 것 같다.

앞으로 우리는 종족간의 전쟁을 무서워할 것이 아니

라, 전염병을 두려워해야 하고 막아내야 한다. 인류가 순식간에 멸망할 수도 있기 때문이다. 이번에 세계적으로 유행하고 있는 코로나19 바이러스로 인하여 멸망하고 있는 종족들이 있으니, 그들은 마약 밀거래자들이라고 한다. 비행기와 배가 왕래하지 않음으로 인해 마약 밀거래가 사라졌다고 한다. 시인들은 이 기회를 통하여 코로나19 바이러스마저 소멸시킬 가슴 따스한 시를 전파하여야 한다. 행동은 '사회적 거리두기'를 실천하고, 마음으로 다가가고 있는 이진순 시인, 그 대열의 선두에서 향도 역할을 하고 있는 이진순 시인에게 박수를 보낸다. *

숲을
지키는
나무

발행 | 2020년 6월 29일
지은이 | 이진순
펴낸이 | 김명덕
펴낸곳 | 한강출판사
홈페이지 | www.mhspace.co.kr
등록 | 1988년 1월 15일(제8-39호)
주소 | 서울시 종로구 우정국로 40-1, 4층(견지동)
전화 02) 735-4257, 734-4283   팩스 02) 739-4285

값 10,000원

ISBN 978-89-5794-444-8 04810
　　　978-89-88440-00-1 (세트)

※저자와의 협약에 의해 인지는 생략합니다.
※이 도서의 국립중앙도서관 출판예정도서목록(CIP)은 서지정보
유통지원시스템 홈페이지(http://seoji.nl.go.kr)와 국가자료공
동목록시스템(http://www.nl.go.kr/kolisnet)에서 이용하실 수
있습니다.(CIP제어번호: CIP2020025593)
※이 책은 (재)익산문화관광재단의 2020 다이나믹 익산 아티스트
지원사업의 지원을 받아 제작되었습니다.